Jean Ziegler
Der Aufstand des Gewis-s…

Die *nicht*-gehaltene
Festspielrede
2011

Der Autor

Jean Ziegler, Bürger der Republik Genf, Soziologe, ist emeritierter Professor der Universitäten von Genf und Paris. Er war bis 1999 Nationalrat (Abgeordneter) im Eidgenössischen Parlament, dann Sonderberichterstatter der Vereinten Nationen für das Recht auf Nahrung. Seit 2008 ist er Vizepräsident des Beratenden Ausschusses des UNO-Menschenrechtsrats. Er ist Träger verschiedener Ehrendoktorate und internationaler Auszeichnungen wie z.B. des CARE-Milleniumspreises (2009) und des Internationalen Literaturpreises für Menschenrechte (2008). Jean Ziegler ist Autor zahlreicher Bestseller, darunter „Der Hass auf den Westen", „Das Imperium der Schande", „Die neuen Herrscher der Welt" sowie „Die Schweiz, das Gold und die Toten" und „Die Schweiz wäscht weißer".

Jean Ziegler

Der Aufstand des Gewissens

ecoWIN

Sehr verehrte Damen und Herren,

alle fünf Sekunden verhungert ein Kind unter zehn Jahren. 37.000 Menschen verhungern jeden Tag und fast eine Milliarde sind permanent schwerstens unterernährt. Und derselbe World-Food-Report der FAO, der alljährlich diese Opferzahlen gibt, sagt, dass die Weltlandwirtschaft in der heutigen Phase ihrer Entwicklung problemlos das Doppelte der Weltbevölkerung normal ernähren könnte.

Schlussfolgerung: Es gibt keinen objektiven Mangel, also keine Fatalität für das tägliche Massaker des Hungers, das in eisiger Normalität vor sich geht.

Ein Kind, das an Hunger stirbt, wird ermordet.

Gestorben wird überall gleich. Ob in den somalischen Flüchtlingslagern, den Elendsvierteln von Karachi oder in den Slums von Dhaka, der Todeskampf erfolgt immer in denselben Etappen.

Bei unterernährten Kindern setzt der Zerfall nach wenigen Tagen ein. Der Körper braucht erst die Zucker-, dann die Fettreserven auf. Die Kinder werden lethargisch, dann immer dünner. Das Immunsystem bricht zusammen. Durchfälle beschleunigen die Auszehrung. Mundparasiten und Infektionen der Atemwege verursachen schreckliche Schmerzen. Dann beginnt der Raubbau an den Muskeln. Die Kinder können sich nicht mehr auf den Beinen halten. Ihre Arme baumeln kraftlos am Körper. Ihre Gesichter gleichen Greisen. Dann folgt der Tod.

Die Umstände jedoch, die zu dieser tausendfachen Agonie führen, sind vielfältig und oft kompliziert.

Ein Beispiel: die Tragödie, die sich gegenwärtig (Juli 2011) in Ostafrika abspielt. In den Savannen, Wüsten, Bergen von Äthiopien, Djibouti, Somalia und Tarkana (Nordkenia) sind 12 Millionen Menschen auf der Flucht. Seit fünf Jahren gibt es keine ausreichende Ernte mehr. Der Boden ist hart wie Beton. Neben den trockenen Wasserlöchern liegen die verdursteten Zebu-Rinder, Ziegen, Esel und Kamele. Wer von den Frauen, Kindern, Männern noch Kraft hat, macht sich auf den Weg in eines der vom UNO-Hochkommissariat für Flüchtlinge und vertriebene Personen eingerichteten Lager.

Zum Beispiel nach Dadaad, auf kenianischem Boden. Dort drängen sich seit drei Monaten über 400 000 Hungerflüchtlinge. Die meisten stammen aus dem benachbarten Südsomalia, wo die mit Al-Quaida verbundenen fürchterlichen Chebab-Milizen wüten. Seit Juni treten täglich rund 1500 Neuankömmlinge aus dem Morgennebel. Platz im Lager gibt es schon lange nicht mehr. Das Tor im Stacheldrahtzaun ist geschlossen. Vor dem Tor führen die UNO-Beamten die Selektion durch: Nur noch ganz wenige – die, die eine Lebenschance haben – kommen hinein.

Das Geld für die intravenöse therapeutische Sondernahrung, die ein Kleinkind, wenn es nicht zu sehr geschädigt ist, in 12 Tagen ins Leben zurück bringt, fehlt.

Das Geld fehlt. Das Welternährungsprogramm, das die humanitäre Soforthilfe leisten sollte, verlangte am 1. Juli für diesen Monat einen Sonderbeitrag seiner Mitgliedstaaten von 180 Millionen Euro. Nur 62 Millionen kamen herein. Das normale WPF (World-Food-Programm) Budget betrug 2008 sechs Milliarden Dollar. 2011 liegt das reguläre Jahresbudget noch bei 2,8 Milliarden. Warum? Weil die reichen Geberländer – insbesondere die EU-Staaten, die USA, Kanada und Australien – viele tausend Milliarden Euro und Dollars ihren einheimischen Bank-Halunken bezahlen mussten: zur Wiederbelebung des Interbanken-Kredits zur Rettung der Spekulations-Banditen. Für die humanitäre Soforthilfe (und die reguläre Entwicklungshilfe) blieb und bleibt praktisch kein Geld.

Wegen des Zusammenbruchs der Finanzmärkte sind die Hedgefonds und andere Groß-Spekulanten auf die Agrarrohstoffbörsen (Chicago Commodity Stock Exchange, u. a.) umgestiegen. Mit Termingeschäften, Futures, etc. treiben sie die Grundnahrungsmittelpreise in astronomische Höhen.

Die Tonne Getreide kostet heute auf dem Weltmarkt 270 Euro. Ihr Preis lag im Jahr zuvor genau bei der Hälfte. Reis ist um 110% gestiegen. Mais um 63%.

Was ist die Folge? Weder Äthiopien, noch Somalia, Djibouti oder Kenia konnten Nahrungsmittelvorräte anlegen – obschon die Katastrophe seit fünf Jahren voraussehbar war.

Dazu kommt: Die Länder des Horns von Afrika werden von ihren Auslandsschulden erdrückt. Für Infrastrukturinvestitionen fehlt das Geld. In Afrika südlich der Sahara sind lediglich 3,8% des bebaubaren Bodens künstlich bewässert. In Wollo, Tigray und Shoa auf dem äthiopischen Hochland, in Nordkenia und Somalia noch weniger. Die Dürre tötet ungestört. Diesmal wird sie viele Zehntausende töten.

Viele der Schönen und der Reichen, der Großbankiers und der Konzern-Mogule dieser Welt kommen in Salzburg zusammen. Sie sind die Verursacher und die Herren dieser kannibalischen Weltordnung.

Was ist mein Traum? Die Musik, das Theater, die Poesie – kurz: die Kunst – transportieren die Menschen jenseits ihrer selbst. Die Kunst hat Waffen, welche der analytische Verstand nicht besitzt: Sie wühlt den Zuhörer, Zuschauer in seinem Innersten auf, durchdringt auch die dickste Betondecke des Egoismus, der Entfremdung und der Entfernung. Sie trifft den Menschen in seinem Innersten, bewegt in ihm ungeahnte Emotionen. Und plötzlich bricht die Defensiv-Mauer seiner Selbstgerechtigkeit zusammen. Der neoliberale Profitwahn zerfällt in Staub und Asche.

Ins Bewusstsein dringt die Realität, dringen die sterbenden Kinder.

Wunder könnten in Salzburg geschehen: Das Erwachen der Herren der Welt. Der Aufstand des Gewissens!

Aber keine Angst, dieses Wunder wird in Salzburg nicht geschehen!

Ich erwache. Mein Traum könnte wirklichkeitsfremder nicht sein! Kapital ist immer und überall und zu allen Zeiten stärker als Kunst. „Unsterbliche gigantische Personen“ nennt Noam Chomsky die Konzerne. Vergangenes Jahr – laut Weltbankstatistik – haben die 500 größten Privatkonzerne, alle Sektoren zusammen genommen, 52,8% des Welt-Bruttosozialproduktes, also aller in einem Jahr auf der Welt produzierten Reichtümer, kontrolliert. Die total entfesselte, sozial völlig unkontrollierte Profitmaximierung ist ihre Strategie. Es ist gleichgültig, welcher Mensch an der Spitze des Konzerns steht. Es geht nicht um seine Emotionen, sein Wissen, seine Gefühle. Es geht um die strukturelle Gewalt des Kapitals. Produziert er dieses nicht, wird er aus der Vorstands-Etage verjagt.

Gegen das eherne Gesetz der Kapitalakkumulation sind selbst Beethoven und Hofmannsthal machtlos.

„L'art pour l'art“ hat Théophile Gautier Mitte des 19. Jahrhunderts geschrieben. Die These von der autonomen, von jeder sozialen Realität losgelösten Kunst, schützt die Mächtigen vor ihren eigenen Emotionen und dem eventuell drohenden Sinneswandel.

Die Hoffnung liegt im Kampf der Völker der südlichen Hemisphäre, von Ägypten und Syrien bis

Bolivien, und im geduldigen, mühsamen Aufbau der Radikal-Opposition in den westlichen Herrschaftsländern. Kurz: in der aktiven, unermüdlichen, solidarischen, demokratischen Organisation der revolutionären Gegengewalt. Es gibt ein Leben vor dem Tod. Der Tag wird kommen, wo Menschen in Frieden, Gerechtigkeit, Vernunft und Freiheit, befreit von der Angst vor materieller Not, zusammenleben werden.

Mutter Courage, aus dem gleichnamigen Drama von Bertolt Brecht, erklärt diese Hoffnung ihren Kindern:

„Es kommt der Tag, da wird sich wenden
Das Blatt für uns, er ist nicht fern.
Da werden wir, das Volk, beenden
Den großen Krieg der großen Herrn.
Die Händler, mit all ihren Bütteln
Und ihrem Kriegs- und Totentanz
Sie wird auf ewig von sich schütteln
Die neue Welt des g'meinen Manns.
Es wird der Tag, doch wann er wird,
Hängt ab von mein und deinem Tun.
Drum wer mit uns noch nicht marschiert,
Der mach' sich auf die Socken nun.“

Ich danke Ihnen
Jean Ziegler

Jean Ziegler
Der Aufstand des Gewissens

Die *nicht*-gehaltene
Festspielrede
2011

Umschlaggestaltung und Satz:
kratkys.net

Druck und Bindung: www.theiss.at
ISBN 978-3-7110-0016-3

5 / 11

www.ecowin.at

Das Geheimnis des Lebens liegt im Tod.

Der Tod ist das große Tabu unserer Gesellschaft. Das ist gewollt. Die kapitalistische Warengesellschaft reduziert den Menschen auf seine Qualität als reaktive Zelle im Produktions- und Konsumprozess. Seine Existenz erschöpft sich in jener eines bloßen Funktionsträgers der kapitalistischen Akkumulations- und Profitmaschine.

Das Bewusstsein seiner eigenen Endlichkeit jedoch schafft Schicksal, Bewusstsein der radikalen Singularität, der Einzigartigkeit des eigenen Lebens. Kein Moment kehrt je zurück. Keiner gleicht einem anderen. Der Tod macht uns zu verantwortlichen Subjekten unserer eigenen Existenz.

Um die Angst vor dem eigenen Tode wenigstens teilweise zu mindern, gibt es nur einen Weg: jeden Tag – durch Gedanken, Taten und Träume – so viel Glück für sich und die anderen, so viel Sinn zu erschaffen, dass, am Ende des Lebens, dieses Leben seiner eigenen Negation so viel Sinn wie möglich entgegenzustellen vermag.

Jean Ziegler
Die Lebenden
und der Tod
ecowin